# LE
# SECRET DE LA DAUPHINE

PAR

## CASIMIR STRYIENSKI

Vice-Président de la *Société des Études historiques*

---

Extrait de la *Revue des Études Historiques*

(Mai-Juin 1901)

---

PARIS

ALPHONSE PICARD ET FILS, ÉDITEURS

82, RUE BONAPARTE, 82

# Le Secret de la Dauphine [1]

## 1756-1761

Le prince Xavier n'était pas né pour jouer un grand rôle; il appartenait à cette maison de Saxe dont on avait dit que seuls ses bâtards faisaient leur chemin, et il justifiait cette boutade.

On voit au musée de Saint-Quentin un portrait de Xavier par Latour, portrait banal et insignifiant s'il en fut: ce n'est certes pas la faute de ce peintre admirable, malgré son talent, Latour n'a pu donner à son modèle la vie et l'esprit dont il était dépourvu.

Le frère de la Dauphine se distingua à l'armée pendant la guerre de Sept ans, mais jamais il n'eut aucune initiative à prendre, il fut toujours en sous-ordre. Ses exploits restent des exploits *de prince*, qu'on se plut à faire valoir dans l'entourage de Marie-Josèphe afin de flatter une femme qui pouvait un jour être reine. En dépit de son peu de relief, Xavier avait une ambition qui n'était égalée que par sa vanité, une ambition fondée sur le rang héréditaire : à quoi ne pouvait prétendre le fils de l'Électeur de Saxe, Roi de Pologne? Il brigua l'honneur d'être nommé Grand-Maître de l'Ordre teutonique; il remua ciel et terre, il écrivit au Pape, à l'Empereur, au Roi de France, il adressa suppliques sur suppliques aux dignitaires de l'ordre; nulle part il ne trouva de protection efficace. Sans cesse en quête d'un *établissement convenable*, il essaie de contracter un brillant mariage, mais ni les Filles de France, ni les Archiduchesses ne lui sont accordées.

Le rang ne suffisait pas toujours, au XVIII⁰ siècle, à ceux qui

1. Ces quelques pages sont détachées d'une étude intitulée : *Marie-Joséphe de Saxe, dauphine, et la Cour de Louis XV (1746-1767)*. Le volume paraîtra en librairie dans le courant de l'année. — Le prince Xavier était le second fils d'Auguste III, électeur de Saxe et roi de Pologne.

Le *Secret de la Dauphine* est une question jusqu'ici mal connue : grâce à ses recherches aux Archives royales de Saxe, M. C. Stryienski a pu faire l'historique de cet épisode intéressant. (N. D. L. R.)



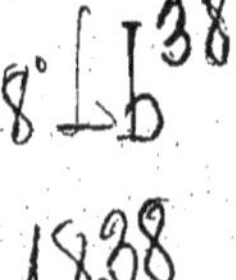

voulaient faire figure dans le monde. A défaut d'intelligence, il fallait avoir au moins quelque agrément ; or le frère de la Dauphine n'en avait d'aucune sorte, et il ne possédait même pas les qualités bourgeoises de ses parents : il manquait de tenue morale. Il passa sa vie à ne pas comprendre pourquoi il ne réussissait en rien.

Xavier, dans toutes ses négociations, fut aidé par l'un des plus grands intrigants de l'Europe, par le vicomte de Martange, qui n'était ni vicomte, ni Martange, et qui s'appelait simplement Bouët[1]. — « C'est un homme capable de bouleverser le royaume, » disait Louis XV de cet étrange conseiller.

Spirituel, peu scrupuleux, vantard, Martange devait trouver acilement le moyen de flatter et de berner un prince tel que Xavier. Il se destinait à l'Église et fut quelque temps prieur de Cossay, dans le Maine ; en 1746, il devint lieutenant au régiment de Lowendahl ; après la paix d'Aix-la-Chapelle il fut nommé par l'Électeur de Saxe capitaine aux grenadiers-gardes. Une fois installé à Dresde, il se lie avec les personnages de la Cour, et quand le prince Xavier a besoin d'un factotum, Martange est là, aussi souple et aussi agile que Figaro. A dater de ce jour il nage dans son élément, il va remplir le monde de ses chimères, il sera « le grand agitateur de l'esprit frivole et borné de son maître ».

Martange accompagne en France le général de Fontenay (1756); et avant d'aller rejoindre l'armée autrichienne et plus tard l'armée française à la suite du prince Xavier, il exerce ses talents diplomatiques à Versailles. Rouillé, Bernis lui accordent des entrevues ; Marie-Josèphe, dans sa tendresse aveugle pour son frère, accueille avec bienveillance cet ambassadeur officieux et se laisse éblouir par le mirifique projet dont il lui parle.

Ce projet consiste à faire passer la couronne de Pologne sur la tête de Xavier et à obtenir d'Auguste qu'il abdique en faveur de son fils. Les obstacles sont innombrables. Comment obtenir le consentement du Roi? Comment amener son ministre Brühl à tout sacrifier : sa place, ses bénéfices, son autorité à l'ambition de Xavier? Comment étouffer les réclamations du prince électoral[2]? Comment enfin circonvenir les Polonais qui seuls ont le droit

1. Voir *Introduction* à la *Correspondance de Martange*, par M. Ch. Bréard ; Paris, Picard, in-8, 1899.

2. Frédéric Christian, frère aîné du prince Xavier.

d'élire un chef? Martange est capable de surmonter toutes ces difficultés; il persuade si fort la Dauphine qu'il obtient son assentiment et la met en campagne, demeurant dans la coulisse et se contentant de tirer les fils de sa troupe de marionnettes.

Louis XV fut au courant de ces intrigues et, sans les favoriser, il ne les entrava pas. *Le Secret de la Dauphine* vint se greffer sur *Le Secret du Roi*[1].

Louis XV, en effet, poursuivait ses négociations avec ses agents occultes; il crut vraiment à l'influence qu'il pourrait avoir sur les destinées de la Pologne. Il avait, cela n'est point douteux, le désir de sauver ce pays dont la ruine se préparait, et il travaillait à lui assurer une indépendance qui aurait maintenu l'équilibre européen. La Prusse, et surtout la Russie, songeaient déjà au partage de la Pologne et à l'extension de leur territoire. Louis XV, sans prévoir toutes les conséquences de cet événement, comprenait que la république polonaise avait besoin d'être soutenue et protégée. Avec les meilleures intentions du monde il sema un nouvel élément de discorde en favorisant certains chefs de parti, comme le grand général Branicki, de Bialystok. Il voulait la liberté des Polonais, il ne fit que développer l'anarchie, — et là où la diplomatie fut impuissante, la force brutale fut facilement victorieuse.

Martange, lui, n'avait qu'un but : flatter le prince Xavier. Dans un long mémoire, écrit en 1759, il lui parle des droits que lui donne sa naissance pour occuper entre les souverains une place dont il est digne par *ses vertus, ses qualités* et *ses talents*.

Martange escompte « l'humiliation du roi de Prusse » et le démembrement des États de Frédéric au profit de l'*Électeur* de Saxe qui deviendrait *Roi* et ferait abandon du trône de Pologne. « Votre Altesse royale, dit-il à Xavier, n'étant plus arrêtée alors par le scrupule de s'élever au détriment du chef de sa maison et n'ayant plus à surmonter que les obstacles où elle puisse faire usage de toutes les ressources d'une politique prudente sans avoir à se le reprocher, il convient d'examiner les moyens qui seraient

---

1. Le prince de Conti en faveur duquel, pendant plusieurs années, Louis XV avait agi en secret auprès de certains chefs du parti polonais, s'était retiré de la lutte. Il avait abandonné l'espoir d'être roi de Pologne. Brouillé avec M<sup>me</sup> de Pompadour, il ne paraissait plus à Versailles depuis que le commandement en chef de l'armée lui avait été refusé.

le plus à propos de concerter avec la Cour de France pour préparer dans l'avenir ou même mieux accélérer, dès la conclusion de la paix, du vivant et de l'agrément du roi votre Père, votre élévation au trône de Pologne[1]. »

Martange laisse donc supposer que, les voies étant si bien préparées, le père cédera la place à son fils. Il compte sur le Dauphin pour que des instructions formelles soient données aux agents français à Varsovie, en faveur de Xavier. La correspondance secrète avec Tercier[2] nous prouve que Louis XV, bien avant 1759, subit l'influence de sa belle-fille. Marie-Josèphe, dès le premier séjour de Martange, avait profité de la grande faveur dont elle jouissait pour décider le roi à seconder l'ambition de Xavier.

Louis XV accepte l'idée de l'abdication d'Auguste ; peu lui importe du reste qui le remplacera, il penche pour le frère de la Dauphine dans son désir de plaire à Marie-Josèphe, mais il reste assez tiède dans ces négociations, il ne prend réellement parti que pour les Polonais, et surtout il ne veut pas délier les cordons de sa bourse.

Du côté de l'Espagne pourrait surgir un candidat au trône de Pologne ; le duc de Parme, Don Philippe, gendre de Louis XV, ne serait pas mécontent d'échanger ses pauvres États contre un royaume, mais son beau-père ne veut pas entendre parler de ce projet, et, pour le déjouer, il met en avant la candidature de l'infant Don Louis[3], frère de Don Philippe. « Sans doute, écrit Louis XV, qu'il en faudrait prévenir l'Espagne, mais il faudrait que cette idée vînt aux Polonais et que de là on la communiquât à l'Espagne ; mais je ne puis l'aider (Don Louis) en subsides. S'ils en veulent pour leur Roi, c'est à eux à le soutenir entièrement. Il en serait de même du prince Xavier... *Je pense aussi qu'il faut bien se garder de prévenir le roi de Pologne* : il faudra qu'il en passe par où l'on voudra[4]. »

---

1. *Correspondance de Martange*, p. 85.

2. Tercier était le confident le plus sûr de Louis XV ; commis aux Affaires étrangères il recevait les instructions du Roi pour les transmettre aux agents secrets qui furent entre autres : le comte de Broglie, Durand, Hennin, Breteuil, etc. Cette correspondance, du plus haut intérêt, est bien connue par la publication de Boutaric (2 vol. in-8, 1867) et par le *Secret du Roi*, du duc de Broglie.

3. Il avait abdiqué l'état ecclésiastique en 1754.

4. Lettre du 9 avril 1757. Louis XV à Tercier, Boutaric, I, 221.

Mais, au mois de décembre 1757, Louis XV est moins affirmatif : « Je pense qu'il faut éloigner plutôt qu'approcher l'abdication du roi de Pologne... J'aimerais mieux le prince Xavier que le prince électoral[1]. »

Le prince électoral paraît être sacrifié dès le début : il est très insignifiant, très maladif. Ne s'agit-il pas d'un coup d'État? et est-on tenu à ménager les susceptibilités hiérarchiques? Xavier a un rival plus sérieux en son frère cadet, le prince Charles[2], dont le caractère est très avenant. « Mon intention, écrit le roi à Tercier, a toujours été la liberté des Polonais, et seulement celui qui leur serait agréable. Le prince Charles est plus ouvert, plus parlant et d'une plus belle figure que le prince Xavier, mais il a raison de craindre que Madame la Dauphine n'aime mieux ce dernier. Elle le connaît beaucoup, et presque point l'autre, l'ayant toujours regardé comme un enfant. A l'égard du prince royal (Frédéric-Christian), il faut toujours l'éloigner, à moins qu'on ne voie clairement qu'il en faudra passer par là[3]. »

Xavier — ou plutôt son entourage — comprenait que, s'il était marié, il doublerait ses chances. L'idée d'épouser une des filles de Louis XV semblait excellente, mais la cour de France n'entra pas dans ses vues[4]. Restait une des nombreuses archiduchesses, filles de Marie-Thérèse. Un billet de la Dauphine à son frère nous met au courant des démarches qui furent faites à Vienne, d'ailleurs sans succès. « Vous ne pouvez pas vous y engager (à ce mariage) tant qu'on ne songera pas à vous faire un établissement. Ecrivez par une voie sûre à la comtesse Sternberg[5] et mandez-lui que vous seriez très flatté de cette alliance, mais que vous ne pouvez consentir à rendre sa fille malheureuse (la fille de l'Impératrice) et qu'elle le

---

1. Louis XV à Tercier, Boutaric, I, 126.

2. Charles, qui était le fils favori d'Auguste III, allait être investi du duché de Courlande (janvier 1759); il dut céder son trône à Biren, au commencement de 1763. Il avait épousé Françoise Krasinska, en mars 1760. On lit dans les instructions données à Durand, envoyé de France à Varsovie (février 1758) : « On ne peut douter que des projets sur la couronne de Pologne ne soient le véritable objet des démarches du prince Charles, les soins qu'il se donne pour plaire à la nation et pour se concilier des partisans en sont de nouvelles preuves. » *Instructions aux ambassadeurs... Pologne*, publiées par Louis Farges (Paris, Alcan, 1888), II, 201.

3. Lettre du 10 janvier 1758. Boutaric, I, 227.

4. Xavier prétendait non seulement épouser l'une de Mesdames, mais il espérait aussi s'assurer par là le duché de Lorraine, à la mort du roi Stanislas.

5. Femme de l'ambassadeur de Marie-Thérèse auprès de la cour de Varsovie.

serait certainement avec un mari qui n'a rien — et les enfants encore plus. Je vous conseille cela, parce que cela portera peut-être *l'Impératrice à seconder mes vœux ; elle ne peut pas* ne pas travailler à faire sa fille Reine (de Pologne), mais il ne faut pas avoir l'air de désirer ce mariage sous cet avantage [1]. »

Sur ces entrefaites, la guerre accapare l'attention de tous ; Louis XV, sans négliger sa correspondance secrète, abandonne pour le moment les intérêts secondaires de la famille de Saxe. Il se contente d'apprendre à Tercier que le seul rival à craindre, le prince Charles, va obtenir le trône de Courlande, et qu'un autre frère de Xavier, le prince Clément, a choisi l'état ecclésiastique. Il semble voir avec plaisir que le terrain se déblaie, et que le frère préféré de Marie-Josèphe a quelque chance d'arriver au but. « Madame la Dauphine, écrit-il à Tercier, n'aime véritablement que le prince Xavier, et depuis qu'il est à mon armée, il a acquis l'estime générale de tous les Français. *Mais il faut attendre le dénouement de tout ceci avant de se déterminer.* Avant la fin de l'année sûrement nous verrons plus clair pour prendre un parti [2]. »

La fin de l'année arrive, et *ceci*, c'est-à-dire la guerre, n'est pas près d'être dénoué. La bataille de Minden (9 juillet 1759) fut fatale aux projets de la Dauphine et de son frère. Dans la bagarre, les équipages de Xavier se trouvèrent pris avec toute sa correspondance. Le prince envoya sur-le-champ un trompette à Ferdinand de Brunswick pour le prier de lui rendre ses papiers, qui ne pouvaient lui être d'aucune utilité, disait-il, mais Ferdinand répondit qu'il était trop tard et que tout le butin avait été expédié en Angleterre. La cour de Londres fit parvenir ces documents à Varsovie. Le Roi de Pologne, qui n'avait pas une très grande tendresse pour Xavier, fut indigné et le traita désormais avec beaucoup de froideur [3].

Marie-Josèphe déclare n'avoir rien révélé de compromettant, elle oubliait certains mémoires dont il sera question plus loin. Elle écrit

---

1. Archives Charles Sienkiewicz. Bibliothèque polonaise de Paris. Marie-Josèphe à Xavier, lettre du 25 juillet 1758.

2. Lettre du 26 octobre 1758. Boutaric, I, 234.

3. Le baron de Zuckmantel au duc de Choiseul, 30 septembre 1767. *Correspondance de Martange*, p. 410. Dans cette dépêche bien postérieure à l'événement, Zuckmantel cite cette anecdote à propos de Martange.

à son frère le 9 février 1760 : « Le Roi (Louis XV) m'a appris l'autre jour que les Anglais se proposaient de faire imprimer mes lettres qui ont été prises dans votre cassette à la bataille de Minden ; apparemment qu'en Angleterre les sœurs n'aiment pas leurs frères, puisqu'ils ont trouvé mes lettres assez curieuses pour être données au public, car je juge que c'est ma tendresse pour vous qui leur a donné envie [1]. »

Il n'en était pas moins vrai que Brühl était fort malmené dans cette correspondance soi-disant intime. « Il n'y a certainement rien à craindre, dit Louis XV à Tercier, de la découverte des lettres de Madame la Dauphine et du comte de Lusace [2]. Je lui ai parlé, et elle m'a assuré qu'il n'y avait que le comte de Brühl qui pût en être scandalisé, mais que cela ne lui apprendrait rien qu'il ne sache... J'approuve qu'on continue l'affaire secrète. » Le Roi hésite à y enrôler le baron de Breteuil qui part pour la Russie afin de seconder le marquis de l'Hôpital, il se ravise cependant et ajoute : « Mais au moins je ne le lui dirais qu'au dernier moment de son départ, qui doit être prochain, et je lui tournerais de façon que c'est pour Madame la Dauphine qu'on travaille principalement, et le secret pour la surprendre agréablement [3]. »

Louis XV, on le voit, ne s'engage ni envers lui-même, ni envers sa belle-fille qui, en cette circonstance, lui sert à tromper Breteuil. *Travailler* pour Madame la Dauphine était un terme commode et vague, cela expliquait le secret demandé, mais ne tirait pas à conséquence. Le Roi, très sincèrement, veut le bien des Polonais, et rien autre. Si cette correspondance avec Tercier ne prouve pas que Louis XV était intelligent, elle prouve du moins qu'il avait du cœur, qu'il était capable de désintéressement, et enfin qu'il était très fidèle à sa nouvelle alliée, l'Impératrice-Reine.

On lit, en effet, dans le traité conclu à Versailles le 30 décembre 1758 entre l'Autriche et la France, un article qui semble avoir servi de guide à Louis XV dans toutes ses négociations relatives à la Pologne. « Les deux parties conviennent de ne prendre aucunes mesures par rapport à la future élection d'un roi de Pologne, que d'un concert commun, et leur but n'étant que de

1. Archives de Dresde, IV, 10, 90.
2. Xavier portait en France le nom de comte de Lusace.
3. Boutaric, I, 245-246.

maintenir *la liberté de la nation polonaise*, elles déclarent dès à présent que si le choix libre de la république venait à tomber sur un prince de la maison de Saxe, elles l'appuieraient de leur mieux. »

Outre les lettres de la Dauphine à son frère, on avait pris à Minden la correspondance de Martange ; Brühl en avait plus qu'il n'en fallait pour être édifié sur les sentiments de Marie-Josèphe à son égard, et sur le projet d'abdication. Enfin la Dauphine, malgré ses dires, avait écrit, sous la dictée de Martange, un mémoire complet de toute l'affaire. Elle avait assuré, entre autres choses, que l'ambassadeur de France [1] aurait l'ordre de faire Xavier roi de Pologne ; elle prenait pour argent comptant les promesses de Louis XV. Sur quoi Brühl a la réponse belle : « Je souhaite, dit-il, que ce ministre puisse satisfaire à ce point de son instruction ; mais ou je ne connais pas la nation, ou toutes ses peines seront inutiles, car sans un concert avec les autres cours amies on ne fera jamais un roi. Cependant je ne prétends pas m'en mêler, ni en blanc, ni en noir, puisque je veux le Roi, mon auguste maître, immortel ; je conseille seulement, en vrai et fidèle serviteur, que personne ne lui parle d'abdication, car celui qui serait si téméraire serait mal reçu. Vous savez que le Roi attend une confession sincère là-dessus de Mgr le prince Xavier, et que la première réponse de ce prince n'a pas eu l'approbation de Sa Majesté, mais l'a mise en colère. Je suis bien sûr qu'elle sera plus satisfaisante à présent que Son Altesse Royale peut prendre conseil ; si je dois y ajouter le mien par zèle et fidélité, je crois qu'il sera bon que Mgr le prince Xavier s'explique d'une manière plus douce vis-à-vis de son auguste père qui n'entend pas raillerie quand il se fâche. » Cette dépêche se termine par une de ces phrases solennelles dont Brühl avait le secret ; le ministre déclare sur son âme et sur son salut qu'il ne songe pas à faire nommer un nouveau roi (on le croira sans peine) et qu'il implore le ciel nuit et jour pour la conservation de celui qui règne, qui est digne d'être adoré par toutes les nations et qui est trop bon pour une nation ingrate [2]...

1. Le marquis de Paulmy. Il remplaçait le marquis de Monteil qui avait quitté son poste en 1759.

2. Archives de Dresde, 2743, V*, Brühl à Fontenay, 8 mars 1760. Thévenot (p. 161-162) a publié une partie de cette dépêche d'après l'original qui est aux Archives de l'Aube. Nous avons suivi la minute déposée aux Archives de Saxe.

Brühl ne s'en tint pas là, il adressa une lettre personnelle à Xavier; le ministre d'Auguste III semble avoir deviné quel était l'auteur du projet qui troublait ainsi la quiétude de Sa Majesté polonaise : « J'ai eu l'honneur, écrit Brühl, de lire fidèlement au Roi les deux apostilles de Votre Altesse Royale ; Sa Majesté a témoigné, puisqu'il faut me servir de ses propres expressions, qu'elle n'était nullement convaincue et m'a répondu que celui qui a tracé cette explication était très habile à coucher par écrit le plus beau galimatias, que c'est probablement l'auteur de cette pièce [1]. Pour parler avec zèle et dévouement à Votre Altesse Royale, je ne puis lui cacher que la lettre interceptée en même temps avec le plan de Madame la Dauphine a fait le plus grand mal, le Roi ayant vu par là que ce projet a été rendu ministériel et approuvé par le Conseil [2]. »

Xavier était fort malhabile à se défendre; Martange, qui voyait grand et excellait dans les vastes plans faits pour bouleverser l'Europe, ne pouvait le servir en cette occasion. Le prince confia ses intérêts à Fontenay, que ses fonctions officielles d'ambassadeur de Saxe et son tact parfait mettaient à l'abri de tout soupçon. Fontenay peut, en toute franchise, répondre à Brühl qu'il n'est au courant de rien. « Je me flatte, dit-il, que Mgr le prince Xavier a trop bonne opinion de mon scrupuleux attachement à mes devoirs pour me confier un plan d'études de cette nature... J'avoue que Madame la Dauphine me dit, il y a environ un mois, que l'on devait faire imprimer sa correspondance avec le Prince son frère, comme on avait fait de celle du maréchal de Belleisle avec M. de Contades, mais comme elle ne m'en a pas paru inquiète, je ne l'ai pas été davantage. » Fontenay assure que Xavier n'aurait tenté aucune démarche sans l'assentiment de son père, il déclare, de plus, que ce projet hâtif venait d'une personne trop zélée à prouver son attachement, etc. « A l'égard de la lettre de Madame la Dauphine dont Votre Excellence fait mention, elle était écrite à la suite d'une conversation que Mgr le Dauphin avait eue avec le marquis de Paulmy, à qui ce prince avait dit en le congédiant : « Vivez bien avec le comte de Brühl et qu'il y ait dans vos instructions de faire un jour le prince Xavier roi de Pologne. » Le Dauphin ne dresse pas les instructions

---

1. Le mémoire écrit par la Dauphine.
2. Thévenot, 162-163.

des ministres que son père envoie dans les pays étrangers ; je suis persuadé que ce n'est qu'en badinant qu'il aura tenu ce propos et que Madame la Dauphine l'aura rendu de même au prince son frère, pour lui prouver combien le Dauphin l'aime [1]. » Fontenay, en manière de conclusion, laisse entendre qu'il n'est pas de sa compétence de disculper la Dauphine et son frère. Il dit ce qu'il sait, voilà tout.

Il est curieux de mettre en regard de cette lettre les instructions données au marquis de Paulmy. Voyons tout d'abord ce qui concerne Brühl : « Ce ministre doit recevoir de l'ambassadeur de France les marques de la considération qui est due au ministre qui possède la confiance absolue du roi de Pologne. Il n'omettra rien pour vivre avec lui dans la meilleure intelligence : mais le sieur marquis de Paulmy, en conservant des dehors honnêtes avec le ministre saxon, *en lui montrant les apparences de la confiance, doit bien se garder de se livrer à lui*, ni de compter sur la vérité de M. de Brühl, sur la solidité de ses principes, ni sur la sûreté de sa parole. Ce ministre a toujours été dévoué à la cour de Russie. Son goût décidé pour l'Angleterre n'est nullement éteint. Son administration a ruiné la Saxe, augmenté le désordre en Pologne, et aliéné au roi son maître les cœurs des Polonais. Tout ce concours de raisons exclut légitimement le comte de Brühl de la confiance de la France et de l'intérêt qu'elle pourrait prendre à son sort [2]. »

Quant à Xavier, il n'est même pas nommé dans ce document. Il est question du trône de Pologne, mais pour le fils favori d'Auguste, le prince Charles. « Les bruits, qui se sont répandus des mesures prises par Sa Majesté polonaise pour abdiquer la couronne en faveur du prince Charles son fils, exciteront sans doute les principaux seigneurs polonais à sonder l'ambassadeur du Roi à cet égard. En ce cas, il leur répondra que, n'étant venu rien de positif à la connaissance du Roi sur cette matière, on n'a pu lui donner aucune instruction sur cet objet, mais qu'il sait en général que Sa Majesté ne demande que le maintien des suffrages de la nation polonaise dans l'élection d'un roi de Pologne, et qu'elle est attachée par trop de liens au roi de Pologne et à sa famille, pour ne pas

---

1. Archives de Dresde, 2743. Vᵃ, Fontenay à Brühl, 30 mars 1760. C'est la réponse à la dépêche du 8 mars.
2. Farges, II, 216-229.

désirer que les suffrages puissent s'expliquer en faveur d'un prince de la maison de Saxe. » [1]

Brühl n'eût pas été flatté de lire ces Instructions, mais il reçut avec plaisir la dépêche de Fontenay.

Les Cours de Pétersbourg et de Vienne avaient été informées des intrigues de la Dauphine ; Brühl est tout occupé à calmer les susceptibilités de ses voisins : « Le Grand-Chancelier, comte de Woronzoff, dit-il, qui est un sincère ami de notre Cour, et ma fille [2] à Vienne m'ont secondé chaudement, et je puis me flatter d'y avoir si heureusement coopéré que ces deux Cours ne relèveront rien et laisseront le tout tomber en oubli. » Bruhl termine par quelques lignes sévères sur l'auteur du projet ; Martange n'est pas nommé, mais il est facilement reconnaissable : « Cet homme qui se flatte d'avoir quelque connaissance de la Pologne et des Cours de Russie et de Vienne est un ignorant et son plan fait pitié, car il est aussi peu praticable qu'il est ridicule. C'est tout autrement qu'il faut agir en Pologne, et cette affaire est d'une perspective si dangereuse que je suis dans la joie de mon âme d'oser me flatter d'être enterré longtemps avant que le moment fatal arrive où le trône de Pologne aura besoin d'un successeur [3]. »

Cette déconvenue ne sert de leçon ni à Martange, ni à Xavier ; la Dauphine même écoute encore d'une oreille le bourdonnement de la mouche du coche. D'après Martange, elle n'aurait pas abandonné tout espoir, mais il faut bien convenir que les renseignements donnés par le factotum de Xavier ne sont pas paroles d'évangile. Toujours est-il que le vicomte rend compte à son maître d'une conversation qu'il aurait eue un an plus tard avec le duc de Choiseul.

Après avoir parlé des subsides accordés à la Saxe, les deux interlocuteurs abordent l'éternelle affaire de la succession au trône. Le duc veut être renseigné sur le caractère de Xavier, sur ses inclinations, sur ses goûts et finit par dire :

— Pensez-vous qu'il oublie jamais un service essentiel ?

Choiseul aurait-il eu réellement l'intention de mettre son crédit

1. Farges, II, 216-229. Ces instructions émanaient de Choiseul qui n'était pas dans le secret du Roi, mais les idées du ministre ne différaient guère de celles de Louis XV.
2. La comtesse Mniszech.
3. Archives de Dresde, 2743. Vᵃ, Brühl à Fontenay, Varsovie, 19 avril 1760.

à la disposition de Xavier, comme le prétend Martange? En tout cas il ne poussa pas les choses très loin et sut bien vite à quoi s'en tenir sur la valeur du prince et sur celle de son aide-de-camp.

Le soir même de cette audience, Martange voit la Dauphine qui est charmée de penser que, en cas de paix, Choiseul sera disposé à continuer les subsides pour l'entretien du corps saxon. Au sujet de la couronne de Pologne, Martange prête à Marie-Josèphe cette réflexion : — Ah ! mon Dieu, oui, le duc y travaille et on le sait à Varsovie ; car je l'ai bien vu par la dernière dépêche que Monsieur le Comte [1] m'a envoyée. Je ne m'en cèle pas et on aurait tort de m'en vouloir du mal.

Sur quoi Martange ajoute : « J'ai bien vu par ce peu de mots qu'à Varsovie on devait avoir *un peu d'humeur* de cette négociation, *et peut-être, mais je ne le sais pas encore, est-il question de vous couronner par voie d'abdication.* Il ne serait pas étonnant que le Roi votre père ne fût excité par son ministre à se récrier à ce sujet, et cela uniquement pour ses intérêts particuliers à lui Brühl; car d'ailleurs le Roi votre père, plus heureux et plus riche dans son Électorat, au sein de ses véritables sujets, ne regretterait pas, si on le laissait à lui-même, le triste plaisir de ne porter une couronne que pour faire des ingrats. *Je n'ai pas vu Fontenay depuis deux jours, et il ne m'a rien dit de tout cela* ; vraisemblablement même il ne m'en parlera pas, ni moi non plus ; et quand même il m'ouvrirait son cœur, je ne lui ouvrirai pas le mien; cela est trop important pour mettre d'autres personnes que vous dans ma confidence, et je ne pardonnerais pas même à *Votre Majesté*, si vous la devenez, l'indiscrétion que j'aurais à reprocher à l'Altesse Royale, si vous ne gardiez pas bien votre secret [2]. »

On n'avait pas fait à l'auteur de cette lettre naïve l'honneur de le tenir au courant de la révolution qu'il avait provoquée à Varsovie et à Versailles lors de la découverte de la correspondance de Xavier, et c'est là son excuse ; mais Martange avait décidément plus d'imagination que de bon sens. Il ne lui en coûtait rien d'inventer au besoin une conversation où il se donnait le beau rôle, où il se fai-

---

1. Le comte de Broglie, ambassadeur de France auprès d'Auguste III.
2. Martange au prince Xavier. Paris, 30 mars 1761. *Correspondance de Martange*, p. 133-141.

sait une douce violence pour interpréter à son avantage les paroles vagues et peut-être même ironiques d'un ministre comme Choiseul.

Aussi n'est-on nullement étonné de voir que, une quinzaine après cette grande confidence, Martange écrive à Xavier : « Le duc de Choiseul ne m'a rien dit de plus que ce que j'en ai marqué à Votre Altesse Royale sur l'affaire de la couronne de Pologne... comme vous ne faites ni Madame la Dauphine aucune démarche, vous pouvez être tranquille sur ce que ce ministre fera... vous pourrez toujours en sûreté de conscience et d'honneur en prétendre cause d'ignorance puisque effectivement ni vous, ni les vôtres n'êtes consultés sur les mesures qui seraient prises en votre faveur. Ce que je vous en ai marqué est encore une chose à enterrer dans le silence entre vous, Madame la Dauphine et moi [1]. »

Nous sommes loin de la brillante situation que, le 30 mars, Martange faisait miroiter aux yeux de Xavier.

Le factotum n'est pas désemparé pour cela. De nouvelles chimères volent en sa cervelle ; il dispose de la principauté de Neuchâtel et du comté de Wallengin (cédé au roi de Prusse par le traité d'Utrecht) au profit de Xavier.

La marquise de Pompadour eut aussi, dans le même temps, des velléités de se faire adjuger la principauté de Neuchâtel [2].

Laissons de côté les duchés de Parme et de Plaisance qui pourraient devenir vacants par l'élévation de l'Infant Don Philippe au trône des Deux-Siciles ; ne disons rien du Grand-Duché de Toscane dont la cession dépend de l'Empereur... il faudrait avec Martange parcourir tous les États d'Europe. Sortons des châteaux en Espagne, et rentrons dans la réalité.

La Dauphine ne se leurre pas longtemps de l'espoir de caser son frère. L'expérience lui prouve qu'elle ne peut rien au milieu des désastres de la guerre. Quelques jours avant la mort de son fils, le duc de Bourgogne, elle reçoit de mauvaises nouvelles de la santé du

---

1. Lettre du 15 avril 1761. *Correspondance de Martange*, p. 146.

2. Martange avait escompté « la mort prochaine » du roi Stanislas, père de la Reine, et voyait déjà Xavier gouverneur des duchés de Lorraine et de Bar.

Mais le plus comique de l'affaire, c'est que Martange, à force d'imaginer des *établissements*, oublie tout ce que son esprit renferme de projets. Brühl a aussi l'idée d'obtenir la Lorraine pour Xavier ; quand Martange apprend la nouvelle, il se moque du ministre saxon qui parle d'un « débouché dont la possibilité n'existe que dans sa tête et ne peut exister que là. » Or, c'est lui, Martange qui, deux années auparavant, avait le premier songé à cette *possibilité*.

roi de Pologne. « Pour comble d'affliction, dit-elle, on me mande
de Varsovie que mon père ne se porte pas bien [1], qu'Il maigrit,
qu'Il n'a appétit ni sommeil, qu'enfin Il se meurt de chagrin, parce
qu'Il se regarde comme abandonné de la France ; et on s'adresse à
moi pour Lui sauver ses jours, c'est les termes dont on se sert.
Vous savez bien que s'il ne fallait que les miens je les donnerais ;
mais hélas ! que puis-je du reste m'opposer à la paix ? Cela est-il en
mon pouvoir ? Et quand cela le serait, le devrais-je, quand je ne
vois pas plus d'espérance de succès plus heureux de la façon dont
on fait la guerre, et que si nous avons de plus grands revers nous
serons moins en état de Lui faire avoir le moindre dédommagement ?
Enfin tous les chagrins se réunissent dans mon cœur et le
déchirent [2]. »

Le 12 avril, malgré le deuil dans lequel elle est plongée, Marie-
Josèphe a le courage d'écrire une autre lettre d'affaire à Xavier :
« Peut-être, hélas ! que le congrès qu'on va rassembler me prou-
vera avec encore plus d'évidence mon inutilité pour les intérêts de
(ma) maison ; je sais bien qu'il est impossible dans ce moment-ci de
lui procurer tous les dédommagements qu'elle demande à si juste
titre. Je sais aussi que l'état malheureux de la France exige qu'elle
songe à la paix, mais pour mon malheur je sais encore que le Roi,
mon père, ne croit pas ces vérités ; que son ministre l'anime contre
les intentions de la France ; peut-être me noircit-il moi-même dans
son esprit, aussi j'aurai le double chagrin de ne pas voir dédomma-
ger ma maison des pertes qu'elle a souffertes, de voir mon père
l'imputer à la France, et peut-être de l'attribuer à ma négligence et
de maudire sa malheureuse fille ! Voilà, mon cher frère, la situation de votre sœur. Mon cœur ne peut se détacher de la France, ni
de la Saxe, je crains et désire également la paix, *et, pour achever
mon malheur, je vois qu'à cette paix je ne pourrai pas seulement*

1. Martange apprend aussi ces nouvelles, mais il tient un autre langage à Xavier.
« La santé du Roi votre Père est fort chancelante depuis quelque temps, à ce que
tout le monde assure. Il serait bon que Votre Altesse Royale eût quelqu'un de sûr à
Varsovie qui veillât sur ces différents événements pour l'informer avec la plus grande
promptitude de ce qui peut l'intéresser. » Lettre du 15 avril 1761. *Correspondance de
Martange*, p. 148. Il se peut que Brühl ait exagéré cette maladie d'Auguste afin de
hâter l'intervention de la France.

2. Archives Charles Sienkiewicz, Bibliothèque polonaise de Paris. La Dauphine à
Xavier, 7 mars 1761.

*avoir un pouce de terre pour un frère que j'aime cent fois plus que moi-même...* Je vous ouvre mon cœur, je ne crois pas qu'il y ait jamais eu une situation plus amère que la mienne ; joignez à cela tout ce qu'un esprit naturellement porté au noir me fournit de pensées agréables, et vous n'envierez pas mon sort. J'ai perdu ce que j'avais de plus cher et je ne puis rien pour ce qui me reste [1]. »

La Dauphine est accablée ; elle paye bien chèrement la tentative qu'elle a faite en faveur de Xavier et au détriment de son père. Ses négociations secrètes sont aussi stériles que celles de Sa Majesté très Chrétienne ; et il faut qu'au moment où s'évanouissent toutes ses chimériques espérances, Marie-Josèphe soit frappée au plus profond de son cœur par la mort de son fils bien aimé.

Cette chasse au trône de Pologne, Xavier la reprendra quand mourra Auguste III en 1763, mais alors la Dauphine ne le seconde plus, elle comprend l'inutilité des démarches et laisse le champ libre à Martange. — Elle garde le rôle discret qui lui convient et que, par amour fraternel, elle a abandonné un instant.

---

1. Archives de Dresde, IV, 10, 90. La Dauphine à Xavier, 12 avril 1761. — Le duc de Bourgogne était mort le 22 mars 1761, à l'âge de dix ans.

Tous les documents cités sont écrits en français; nous en avons naturellement respecté le texte, sinon l'orthographe.

www.ingramcontent.com/pod-product-compliance
Ingram Content Group UK Ltd.
Pitfield, Milton Keynes, MK11 3LW, UK
UKHW022253070726
13613UKWH00005B/2258